INTERFACT

BUCH & DISK: LERNEN • SPIELEN • EXPERIMENTIEREN

DIE ÄGYPTER

PATMOS

Disk

Entwurf: Jason Page • **Programmierung:** Brett Cropley, Paul Steven • **Grafische Gestaltung:** Sarah Evans, James Evans • **Redaktion:** Jo Keane • **Fachberatung:** Tim Wood • **Illustratoren:** Dai Owen, Carlo Tartaglia, James Jarvis, Jeffrey Lewis, John Richardson • **Herstellung:** Joya Bart-Plange

Buch

Entwurf: Jason Page • **Redaktion:** Alison Woodhouse, Jo Keane • **Autoren:** Robert Nicholson, Claire Watts • **Fachberatung:** Tim Wood • **Grafische Gestaltung:** Belinda Webster, Dawn Apperley • **Herstellung:** Joya Bart-Plange

Die Illustrationen auf S. 29–33 sind von Maxine Hamil, alle übrigen von Jon Davis (Linden Artists).

Fotonachweise

Titelbild: Superstock
S. 9, 21 (links), 23 (unten), 25 (unten), 26, 28 (rechts), 34 (links): Werner Forman Archives; S. 10 Sonia Halliday;
S. 10, 14, 15 (rechts), 16, 17, 19, 20, 23 (oben), 25 (oben), 27, 28 (links), 34 (rechts): Michael Holford; S. 15 (links), 21 (rechts), 24, 25 (Mitte): Ronald Sheridan

Übersetzung aus dem Englischen: Manfred Schmeing

Die Deutsche Bibliothek – CIP-Einheitsaufnahme

Die Ägypter / aus dem Engl. übers. von Manfred Schmeing. – Düsseldorf : Patmos-Verl.
(Interfact)
Einheitssacht.: Egyptians ‹dt.›
ISBN 3-491-82010-3 (Ausg. mit CD-ROM)
ISBN 3-491-82011-1 (Ausg. mit Diskette)
Buch. 1998
brosch.
CD-ROM. 1998

Copyright © 1997, Two-Can Publishing Ltd
First published in Great Britain in 1997
by Two-Can Publishing Ltd, 346 Old Street, London EC1V 9NQ

Für die deutschsprachige Ausgabe:
Copyright © 1998, Patmos Verlag, Düsseldorf (Germany)
Druck und Bindung: Wing King Tong, Hongkong

Alle Rechte vorbehalten.
Zu diesem Buch gehört eine CD-ROM bzw. Diskette. Inhalt und Programm des Datenträgers sowie das Buch sind urheberrechtlich geschützt. Sie sind nicht für kommerzielle Zwecke oder öffentliche Vorführung freigegeben. Überspielung, Vervielfältigung und Sendung sowie sonstige gewerbliche Nutzung sind nur mit ausdrücklicher Genehmigung des Patmos Verlags gestattet.

ISBN (CD-ROM für PC / Mac): 3-491-82010-3
ISBN (Diskette für PC): 3-491-82011-1

INTERFACT

BUCH & DISK: LERNEN • SPIELEN • EXPERIMENTIEREN

**Die Welt der alten Ägypter auf Buch und Disk –
mach dich schlau mit INTERFACT.**

🔴 **Die CD-ROM/Diskette bietet interaktive Lernspiele zu allen spannenden Fragen rund um Götter, Mumien und Hieroglyphen. So macht Lernen Spaß und du erfährst viele spannende Dinge!**

Wird die Sphinx die Antwort geben?

Klicke auf Ramses, das kluge Kamel!

🟠 **Schau ins Buch:** Noch mehr faszinierende Fakten! Alles wird mit vielen Illustrationen und Fotos anschaulich gemacht!

Wie wurden die gewaltigen Pyramiden gebaut? Schlag nach und lies mehr darüber!

🟡 **Von INTERFACT hast du am meisten, wenn du Buch und Disk zusammen benutzt!** Achte auf die nebenstehenden Symbole: Auf der CD-ROM/Diskette findest du Lesetipps. Und im Buch die Disk-Tipps!

23
LESETIPP

DISK-TIPP
Die REISE INS JENSEITS führt dich in die Unterwelt der Ägypter ...

INSTALLATION
Siehe Seite 40: Einfach CD-ROM/Diskette laden und loslegen!

DIE THEMEN AUF DER DISK

HILFE

Tipps zu den Steuerungen und Befehlen:
- Pfeiltasten
- Textboxen
- Themensymbole
- »Heiße Wörter«

IM LAND DER PHARAONEN

Diese Geschichte spielt im alten Ägypten! Aber das, was passiert, hängt von dir ab! Zum Beispiel, wenn die Verschwörer versuchen, den Pharao umzubringen …

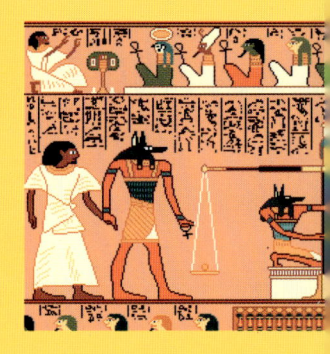

DAS RÄTSEL DER SPHINX

Ramses ist ein cleveres Kamel! Wenn du es anklickst, versucht es der Sphinx einige Geheimnisse über das Alte Reich der Ägypter zu entlocken …

EINE REISE INS JENSEITS

Der Glaube an die Götter spielte für die Ägypter eine große Rolle. Finde heraus wie sie sich das Leben in der Unterwelt vorstellten …

Haltbar
für die
Ewigkeit …

Eine Kreuzfahrt
auf dem Nil

EINE MUMIE LÄSST GRÜSSEN!

Die alten Ägypter haben alles dafür getan, dass der Körper nach dem Tode erhalten blieb. Hier kannst du erfahren, wie sie eine Leiche »mumifizierten«!

VON ABU SIMBEL NACH GISEH

Eine Traumreise erwartet dich entlang der berühmtesten Kulturdenkmäler der alten Ägypter! Dein Boot fährt aber nur, wenn du genügend Wissen hast!

Entdecke eine
geheimnisvolle
Schrift!

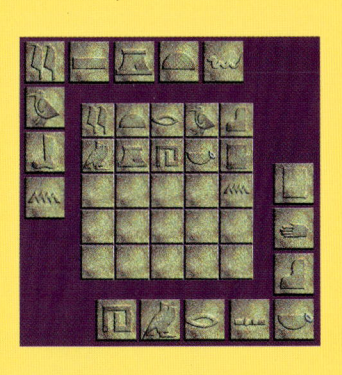

Das Spiel der
Pharaonen

DIE BOTSCHAFT DER HIEROGLYPHEN

Lerne die alten Schriftzeichen kennen und wende sie an, um deine eigenen Texte zu verschlüsseln!

SENET

Der berühmte Pharao Tutanchamun nahm das »königliche« Spiel gleich viermal mit ins Grab. Dein Computer zeigt dir, wie man es zu zweit spielen kann!

DAS BUCH IM ÜBERBLICK

8 **Die Welt der Ägypter**
Wie Ägypten ein mächtiges Reich wurde

10 **Das Geschenk des Nils**
Warum war dieser Fluss so wichtig?

12 **Der Pharao**
Die »Gottkönige« Ägyptens und ihre Macht

14 **Götter und Tempel**
Woran glaubten die alten Ägypter?

16 **Das Jenseits**
Was geschah mit den Toten?

18 **Die Pyramiden**
Wie wurden die berühmten Pyramiden gebaut?

20 **Schreiben und Lernen**
Gingen die ägyptischen Kinder zur Schule?

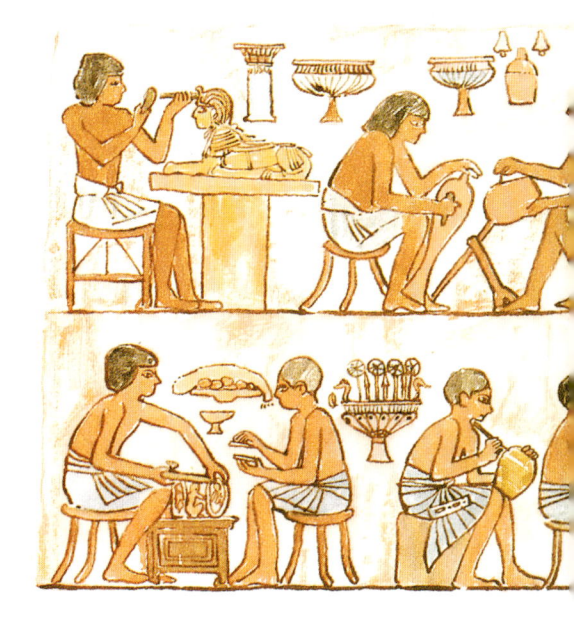

22 **Zu Hause**
Wie sahen ägyptische Wohnungen aus?

24 **Arbeit und Spiel**
Was machten die Ägypter in ihrer Freizeit?

26 **Das Essen**
Was aßen und tranken die alten Ägypter?

INTERFACT:
Auf neue Art lesen und spielen!

28 **Die Kleidung**
Was war bei den Ägyptern in Mode?

29 **Nut und ihre Kinder**
… oder warum der Mond immer wieder zu einer dünnen Sichel wird.

34 **Schlüssel zur Geschichte**
Woher stammt unser Wissen über die Ägypter?

35 **Kleines Lexikon**
Die wichtigsten Begriffe

36 **Notizbuch**
Die Seiten zum Kopieren und Notieren

38 **Senet**
So spielst du das beliebteste Spiel der alten Ägypter am Computer

40 **Startklar am PC oder Mac**
So installierst du deine INTERFACT-Disk

42 **Wie funktioniert INTERFACT?**
Eine kurze Anleitung

44 **Tipps und erste Hilfe**
Was tun, wenn mit der Disk etwas nicht klappt?

46 **Register**
Der schnelle Weg durchs Buch

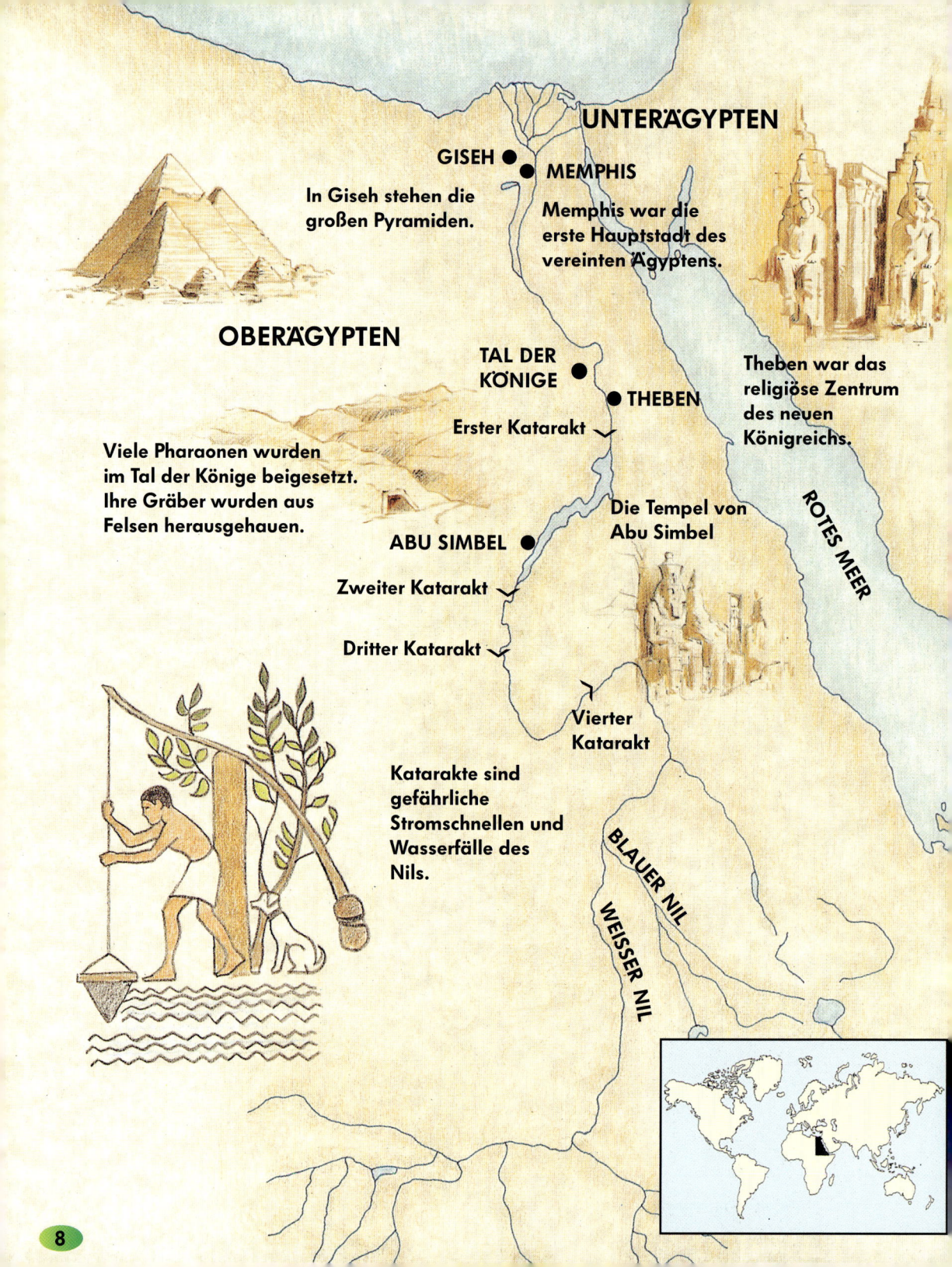

UNTERÄGYPTEN

GISEH

MEMPHIS

In Giseh stehen die großen Pyramiden.

Memphis war die erste Hauptstadt des vereinten Ägyptens.

OBERÄGYPTEN

TAL DER KÖNIGE

THEBEN

Erster Katarakt

Theben war das religiöse Zentrum des neuen Königreichs.

Viele Pharaonen wurden im Tal der Könige beigesetzt. Ihre Gräber wurden aus Felsen herausgehauen.

ABU SIMBEL

Die Tempel von Abu Simbel

Zweiter Katarakt

Dritter Katarakt

Vierter Katarakt

ROTES MEER

Katarakte sind gefährliche Stromschnellen und Wasserfälle des Nils.

BLAUER NIL

WEISSER NIL

DIE WELT DER ÄGYPTER

Die ägyptische Zivilisation begann vor etwa 5000 Jahren, also lange vor unserer Zeitrechnung. Um 2920 v. Chr. eroberte Menes, der König von Oberägypten, das Nildelta (Unterägypten). Er vereinte beide Teile zu einem Königreich. Seitdem galt der Pharao als »König von Ober- und Unterägypten« und trug eine Doppelkrone.

Fast 3000 Jahre lang blieb Ägypten ein mächtiges Reich. Alle Eindringlinge wurden abgewehrt. Die Ägypter waren sehr gebildet, sie entwickelten ihre eigene Schrift und hatten eine blühende Architektur. Sie erfanden neue Methoden der Staatsverwaltung und machten wichtige Entdeckungen in Medizin und Sternkunde.

DISK-TIPP
Wie konnte Ägypten ein so mächtiges Reich werden? Du erfährst es in DAS RÄTSEL DER SPHINX!

DAS GESCHENK DES NILS

Im alten Ägypten lebten die Menschen an den fruchtbaren Ufern des Nils. Zu Recht nannte der griechische Schriftsteller Herodot das Land »ein Geschenk des Nils«, denn das Leben der Ägypter war von diesem längsten Fluss der Erde (6 710 km) abhängig. Fast das gesamte übrige Land ist unfruchtbare Wüste. Diese Wüste, in der lediglich wertvolle Steine und Metalle gefunden wurden, nannten die Ägypter das »Rote Land«.

Einmal im Jahr führte der Nil Hochwasser, überschwemmte das Flusstal von Juli bis September und hinterließ fruchtbaren, schwarzen Schlamm – das »Schwarze Land«. Diese Überschwemmungen unterlagen naturbedingten Schwankungen. Zu wenig Wasser bedeutete Missernte und Hungersnot, gab es zu viel Wasser, wurden Vieh und Menschen vom Fluss weggespült.

Aus diesem Grund wurde der Wasserstand des Nils ständig kontrolliert, mit so genannten Nilmessern. Das waren spezielle Brunnen, die den Wasserstand anzeigten. Um Hungersnöte zu verhindern, wurde auch der Wechsel der Jahreszeiten sorgfältig aufgezeichnet. Zu diesem Zweck studierten die Ägypter den Lauf der Sonne, des Mondes und der Sterne. Ein Ergebnis ihrer Forschungen: Sie konnten das Jahr in 365 Tage unterteilen. Die Ägypter kannten 12 Monate zu je 30 Tagen und fünf Extratage.

◄ Der Nil war der wichtigste Verkehrsweg Ägyptens. Schwere Lasten wurden auf Rollen oder Schlitten zu den Flusskähnen hinge- schleppt oder von dort weggebracht. Die Ägypter benutzten für solche Transporte keine Karren mit Rädern, weil diese in Wüstensand und Schlamm stecken blieben.

DISK-TIPP

Hast du Lust zu einer Fahrt auf dem Nil? Es wird eine Traumreise VON ABU SIMBEL NACH GISEH!

▼ Das grüne und fruchtbare Land um den Nil bildet eine Oase zwischen der arabischen Wüste im Osten und der afrikanischen Wüste im Westen.

DER PHARAO

Der Pharao war ein absoluter Herrscher. Sein Wort war Gesetz. »Was der Pharao liebt« sagte man für »Gerechtigkeit« und »was der Pharao hasst« für »Verbrechen«! Der Pharao war nicht nur ein König, sondern wurde auch als leiblicher Sohn des Sonnengottes Re verehrt. Re galt lange Zeit als der oberste Gott, der alles erschaffen hatte, und die Pharaonen sollten seine Taten auf Erden wiederholen. Oft heiratete der Pharao seine eigene Schwester oder Halbschwester, damit in seinen Kindern das Blut der Götter erhalten blieb. Gewöhnlich hatte er noch viele andere Nebenfrauen. Seine Untertanen verehrten ihn, knieten vor ihm nieder und berührten mit der Stirn den Boden. Als Zeichen des Respekts vor ihm wurde er nie mit seinem Namen angesprochen. So entstand die Gewohnheit, nicht vom Pharao persönlich, sondern von seinem Palast zu sprechen, dem »per-ao«, was »großes Haus« bedeutet. Daher stammt unser Wort »Pharao«.

Es wurde ein Staatssystem gebildet, an dessen Spitze der Pharao seinen Stellvertreter einsetzte, den Wesir. Unter der Befehlsgewalt des Wesirs standen 42 Herrscher, die Nomarchen, denen jeweils eine Region anvertraut war. Sie stellten sicher, dass in diesem Staat aus fünf Millionen Menschen alle ihre Steuern und Abgaben entrichteten. Da die Ägypter noch kein Geld benutzten, bezahlten sie mit Waren oder Diensten.

▼ Der Pharao hatte viele öffentliche Aufgaben.

DISK-TIPP

Du kannst dem Pharao das Leben retten! Mach mit beim interaktiven Abenteuer IM LAND DER PHARAONEN!

Berühmte Pharaonen

Im Laufe der fast 3000-jährigen Geschichte des alten Ägyptens gab es mehr als 300 Pharaonen. Einige von ihnen waren berühmte Staatenlenker, Förderer der Kunst oder Kriegsherren, aber von vielen ist nur der Name bekannt.

Tutanchamun
(Regierungszeit: 1347–1337 v. Chr.)
Tutanchamun war noch ein Junge von etwa 10 Jahren, als er Pharao wurde. Er regierte bis zu seiner Ermordung zehn Jahre lang. Nachdem sein Vorgänger Echnaton durch die Einführung einer neuen Religion das Land ins Chaos gestürzt hatte, stellte er die alte Ordnung wieder her.

Thutmosis III.
(Regierungszeit: 1490–1436 v. Chr.)
Thutmosis III. gilt als der größte Eroberer unter den Pharaonen. Er unterwarf die Stadtstaaten Palästina und Syrien und verlor nie eine Schlacht.

Kleopatra VII. *(Regierungszeit: 51–31 v. Chr.)*
Kleopatra war eine der wenigen Frauen auf dem ägyptischen Thron. Sie wurde die Geliebte von Julius Cäsar und verbündete sich mit den Römern. Später heiratete sie Marcus Antonius. Nach der entscheidenden Niederlage der ägyptischen Flotte nahm sie sich im Jahre 30 v. Chr. das Leben.

GÖTTER UND TEMPEL

Die Religion und der Glaube an die Götter spielten im Leben der Ägypter eine wichtige Rolle. Die Götter wurden oft in der Gestalt eines bestimmten Tieres dargestellt. Bastet zum Beispiel, die Tochter des Sonnengottes Re und Göttin der Freude und der Liebe, wurde gewöhnlich als Katze abgebildet. Anubis war der Gott, der die Gräber bewachte, und wurde als Schakal oder als Mann mit einem Schakalkopf gezeigt.

Für alle Gottheiten gab es Tempel, in denen die Leute ihren Gott anbeten oder ihn um eine Gunst bitten konnten. Der Tempel durfte nur bis zur Eingangshalle betreten werden. Dort wurden die Besucher von einem Tempelpriester empfangen, der die Botschaften und Opfergaben entgegennahm. In jedem Tempel hing ein Bild des Pharaos, der zugleich auch der oberste Priester aller Götter war.

In einem Raum stand eine Statue der Tempel-Gottheit. Sie wurde nur an Festtagen herausgetragen und selbst dann blieb sie verborgen in einem Schrein. Im Namen des Pharaos führte der Tempelpriester ein tägliches Ritual durch, indem er die Gottesfigur reinigte, sie neu einkleidete und ihr ein Mahl zubereitete.

▼ Den Amun-Tempel in Karnak ließen viele Pharaonen erweitern, bis er so groß wie sechs riesige Kathedralen war.

DISK-TIPP
Die Welt der ägyptischen Götter ist aufregend! Mach dich auf
DIE REISE INS JENSEITS!

Wichtige Götter

RE war der Sonnengott. Er konnte je nach Tageszeit unterschiedlich aussehen.

AMUN war der Gott der Luft und Stadtgott von Theben. Sein Name bedeutet »verborgen«. Er wurde mit Re zu einem Gott verschmolzen. Der neue allmächtige Reichsgott hieß nun Amun-Re.

OSIRIS war der Gott der Unterwelt, der über die Menschen richtete, nachdem sie gestorben waren.

ISIS war Schwester und Frau von Osiris und zugleich die Beschützerin der Frauen.

▶ Dieses Bild zeigt Hathor als Kuh. Er galt als Gott der Musik und der Liebe.

▲ Anubis, der Schakalgott, bewacht das Totenreich.

DAS JENSEITS

Die Ägypter glaubten, dass man nach dem Tode weiterleben konnte, wenn bestimmte Vorkehrungen getroffen wurden. Dazu gehörte, dass man den Leichnam haltbar machte. Wichtig waren auch die Grabbeigaben, die der Verstorbene im Jenseits brauchen konnte: Lebensmittel und Möbel, Werkzeuge und Schmuck und die so genannten Uschebtis. Das waren kleine Totenfiguren, die für den Verstorbenen im Totenreich arbeiten sollten. Der Tote hatte eine lange und gefährliche Reise zu unternehmen, bevor er das Leben nach dem Tod genießen konnte. Er musste an einer Riesenschlange vorbei und an einem Krokodil, an Feuerseen und gefährlichen Dämonen.

Wenn der Tote die Unterwelt erreichte, führte ihn Anubis in die »Halle der Wahrheit«, in der das Totengericht stattfand. Anubis legte das Herz des Toten in eine Waagschale, in die andere legte er eine Feder. Diese stellte Wahrheit und Recht dar. Blieb die Waage im Gleichgewicht, wurde der Tote von Osiris begrüßt und in das Totenreich eingelassen. Wenn nicht, wurde das Herz von einem Ungeheuer verschlungen, das Krokodil, Löwe und Nilpferd zugleich war.

▼ Osiris wartet, um den Toten zu begrüßen, dessen Herz von Anubis gewogen wird. Thot, der Gott der Weisheit, schreibt alles auf.

DISK-TIPP
Möchtest du wissen, wie eine ägyptische Mumie gemacht wird? Dann gehe zu EINE MUMIE LÄSST GRÜSSEN!

Mumien

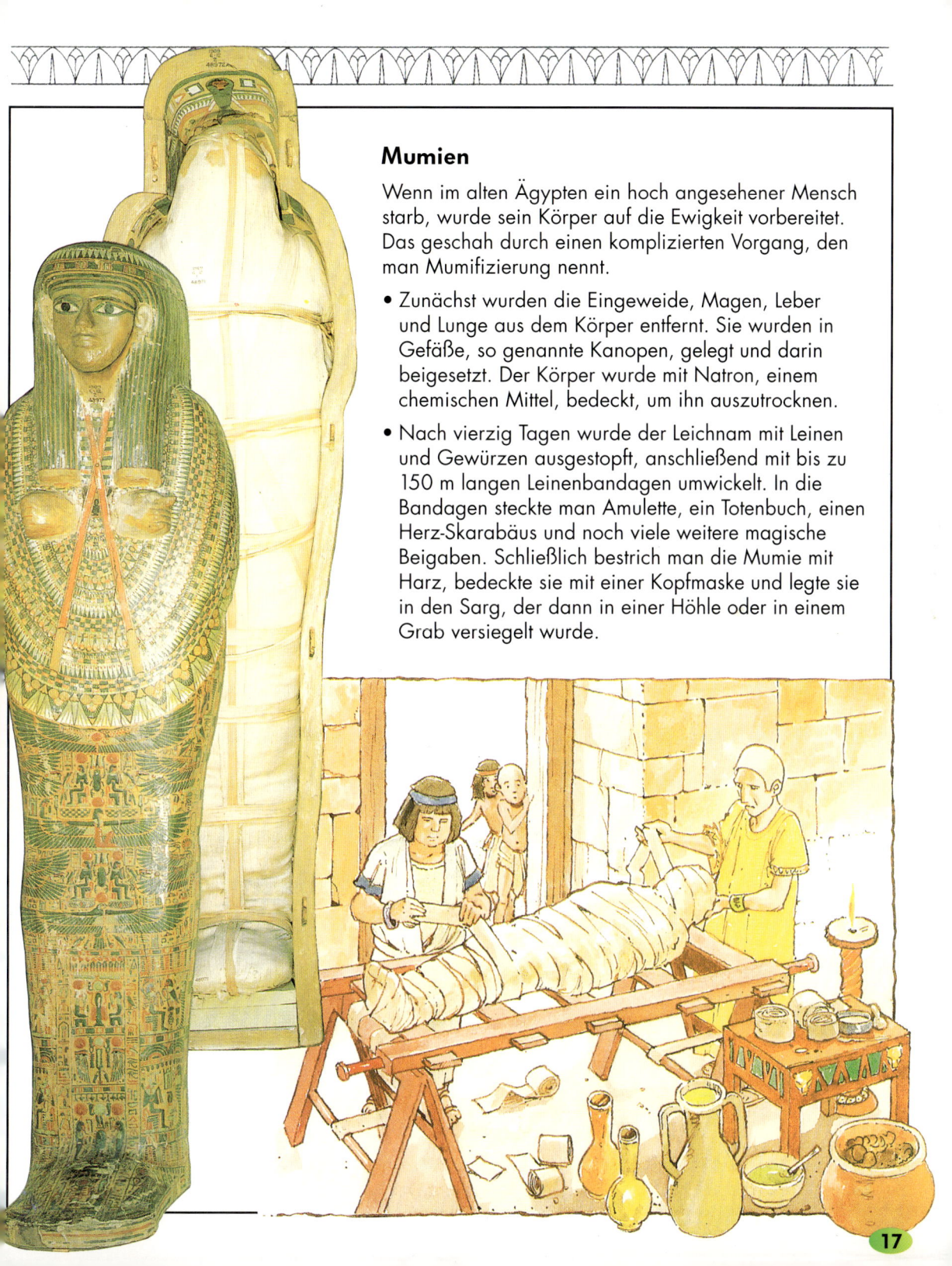

Wenn im alten Ägypten ein hoch angesehener Mensch starb, wurde sein Körper auf die Ewigkeit vorbereitet. Das geschah durch einen komplizierten Vorgang, den man Mumifizierung nennt.

- Zunächst wurden die Eingeweide, Magen, Leber und Lunge aus dem Körper entfernt. Sie wurden in Gefäße, so genannte Kanopen, gelegt und darin beigesetzt. Der Körper wurde mit Natron, einem chemischen Mittel, bedeckt, um ihn auszutrocknen.

- Nach vierzig Tagen wurde der Leichnam mit Leinen und Gewürzen ausgestopft, anschließend mit bis zu 150 m langen Leinenbandagen umwickelt. In die Bandagen steckte man Amulette, ein Totenbuch, einen Herz-Skarabäus und noch viele weitere magische Beigaben. Schließlich bestrich man die Mumie mit Harz, bedeckte sie mit einer Kopfmaske und legte sie in den Sarg, der dann in einer Höhle oder in einem Grab versiegelt wurde.

DIE PYRAMIDEN

Die Grabmäler der Pharaonen waren riesig! Entlang des Nils wurden in den Jahren zwischen 2630 und 1640 v. Chr. mehr als achtzig davon errichtet. Die erste und einzige Stufenpyramide baute der geniale Baumeister Imhotep für König Djoser. Später erhielten die Pyramiden glatte Seiten. Die Pharaonen wurden in diesen Pyramiden mit unermesslich reichen Beigaben bestattet. Fast alle diese Schätze sind jedoch in die Hände von Grabräubern gefallen …

DISK-TIPP
Erforsche das Innere einer Pyramide IM LAND DER PHARAONEN!

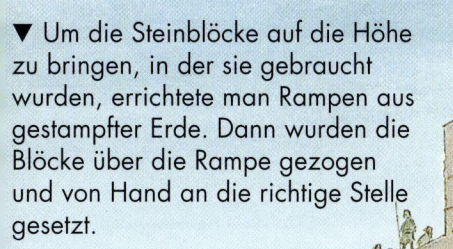

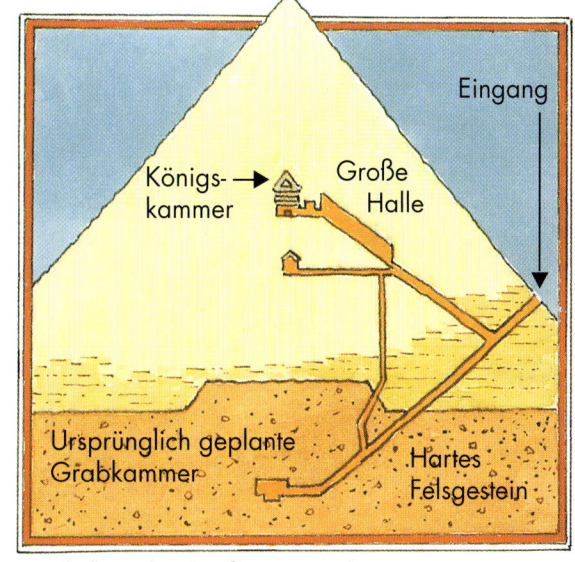

▼ Um die Steinblöcke auf die Höhe zu bringen, in der sie gebraucht wurden, errichtete man Rampen aus gestampfter Erde. Dann wurden die Blöcke über die Rampe gezogen und von Hand an die richtige Stelle gesetzt.

Königskammer — **Große Halle** — **Eingang** — **Ursprünglich geplante Grabkammer** — **Hartes Felsgestein**

▲ Blick in die Große Pyramide

▼ Die Große Pyramide von Giseh, auch Cheops-Pyramide genannt, war ursprünglich 230 m lang und 146,6 m hoch. Sie bestand aus mehr als zwei Millionen Steinblöcken, jeder mit einem Gewicht von zwei Tonnen, manche sogar bis zu 14 Tonnen. Sie war bedeckt mit polierten Kalksteinplatten, die in der Sonne glänzten. 50 000 Menschen arbeiteten 20 Jahre lang an dieser Pyramide.

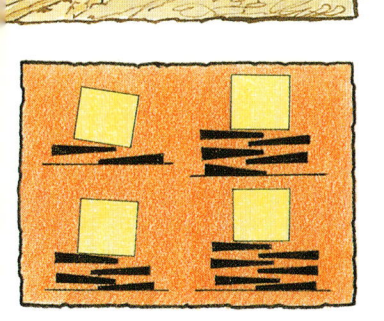

▲ Mit Holzkeilen wurden die großen Steinblöcke angehoben.

SCHREIBEN UND LERNEN

Die alten Ägypter benutzten eine Bilderschrift, die man Hieroglyphen nennt. Es gab mehr als 700 solcher Zeichen. Einige bedeuteten genau das, was sie abbildeten. So stand eine gewellte Linie für »Wasser«. Es dauerte lange, bis man herausfand, dass die Hieroglyphen aber nicht nur eine Bilderschrift waren, sondern auch eine Lautschrift. Eine gewellte Linie stand z. B. für ein »N«.

Die Ägypter schrieben auf Scherben, Leder und Papyrus, einer frühen Form des Papiers. Hieroglyphen wurden aber auch in Stein gemeißelt und an die Wände von Grabkammern und Tempeln gemalt. Im Laufe der Zeit entwickelten die Ägypter eine Schreibschrift, die weniger bildhaft, aber schneller zu schreiben war. Noch schneller ging es später mit der demotischen Kurzschrift.

Die meisten Ägypter konnten weder lesen noch schreiben. Viele Kinder lernten von ihren Eltern ein Handwerk oder ein Gewerbe. Andere Kinder, vor allem Jungen, wurden zu Schreibern ausgebildet und auch in Sternkunde unterrichtet. Die Schule war hart und dauerte vom neunten bis zum 14. Lebensjahr. Ein Lehrer notierte: »Die Ohren eines Jungen sind auf seinem Rücken. Er hört nur, wenn er geschlagen wird.«

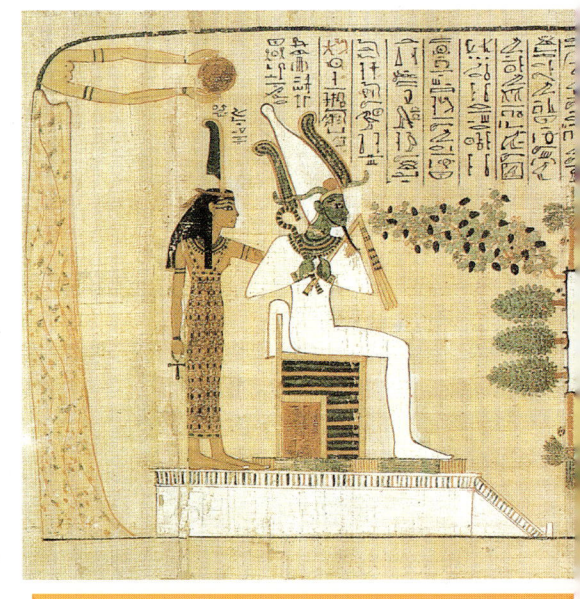

DISK-TIPP
Entdecke DIE BOTSCHAFT DER HIEROGLYPHEN und schreibe mit den alten Schriftzeichen!

☥ = Leben   = Falke   = Stein   = Figur

▲ Hieroglyphen wie diese verwendeten die Ägypter auf ihren Gemälden.

▲ Auf vielen Bildern in Grabmälern erläutern Hieroglyphen, was auf dem Bild passiert.

▲ Tintenpalette und Rohrfedern eines Schreibers

◀ Schreiber saßen meist mit gekreuzten Beinen auf dem Boden und hielten das Schreibmaterial auf dem Schoß.

ZU HAUSE

Ägyptische Häuser wurden dicht nebeneinander oberhalb des Flusses gebaut. Sie wurden aus getrockneten Ziegeln errichtet. Diese waren aus Nilschlamm gefertigt, dem man Stroh und Kieselsteine hinzufügte. Im heißen, trockenen Klima Ägyptens hielten diese Ziegel recht lange. Zerbröselten sie, wurde der Boden platt gestampft und ein neues, höher gelegenes Haus gebaut. Nur für Gebäude, die wie Tempel und Grabmäler für die Ewigkeit gedacht waren, verwendete man Stein.

Die Häuser waren einfach und viereckig gebaut, oft von einer Mauer umgeben, und besaßen eine Außentreppe, über die man das flache Dach erreichte. Es gab nur kleine Fenster, die wenig Licht einließen und dadurch die Innenräume kühl hielten. Außen strich man die Häuser weiß an, damit die weiße Farbe das Sonnenlicht abstrahlte.

Das vorderste Zimmer eines gewöhnlichen Hauses wurde vom Mann der Familie als Arbeitsraum genutzt. Manchmal hielten die Leute auch Vieh in diesem Raum. Es gab wenig Möbel, lediglich eine Truhe für Kleider und Behälter für Nahrungsmittel.

Der zweite Raum war groß genug, um Gäste zu empfangen und zu essen. Küche, Badezimmer und Schlafzimmer lagen an der Rückseite des Hauses. Viele Leute schliefen auch einfach auf dem Dach.

Die Häuser reicher Leute sahen wie gewöhnliche Häuser aus, waren aber größer. Innen gab es Wandmalereien und Vertäfelungen.

Möbel

- Die Ägypter hatten nur wenige Möbel, die meisten armen Leute überhaupt keine. Selbst die Reichen saßen oft auf dem Boden.
- Viele Möbel ließen sich zusammenklappen wie dieser Holzstuhl (rechts).
- Betten wurden, wie die meisten Möbel, aus Holz und Schilf gefertigt. Statt auf Kissen legte man den Kopf auf hölzerne Kopfstützen.

ARBEIT UND SPIEL

Die meisten Ägypter waren Bauern, aber es gab auch viele andere Berufe. Das höchste Ansehen hatten Priester und Regierungsbeamte. Der Bau der Pyramiden verlangte zum Beispiel viele geschickte Künstler und Handwerker: Steinmetze, die Steine meißelten, Zeichner, die Pläne zeichneten, Maler, die die Wände dekorierten, Bildhauer, die Statuen machten. Viele Handwerker spezialisierten sich auf die Herstellung von Möbeln oder Schmuckstücken, die mit in die Gräber gegeben wurden.

Da die Ägypter kein Geld benutzten, wurden die Männer mit Lebensmitteln, mit Getränken, Kleidung und Wohnungen bezahlt. Manchmal streikten die Arbeiter an den königlichen Grabstätten, wenn ihr Lohn nicht pünktlich bezahlt wurde.

▶ Ägyptische Handwerker arbeiteten mit Werkzeugen aus Holz, Bronze und anderen Metallen.

Die Ägypter arbeiteten sehr hart – manchmal acht Tage hintereinander, gefolgt von zwei freien Tagen. In ihrer Freizeit tanzten die Ägypter gerne oder gingen auf die Jagd. Sie veranstalteten Ringkämpfe und Spiele oder übten sich in Akrobatik. Reiche Leute gaben großzügige Abendgesellschaften, bei denen die Gäste mit Vorführungen und Musik unterhalten wurden.

Auch Brettspiele waren beliebt, ganz besonders Senet. Senet spielte man auf einem Brett, das in drei Reihen mit je zehn Feldern aufgeteilt war. Jeder versuchte mit seinen Figuren bis ans andere Ende des Brettes zu kommen. Der Gegner musste daran gehindert werden, dasselbe zu tun.

Kinder spielten mit Holzbällen, Puppen und geschnitzten Holztieren (siehe das Bild oben rechts).

▼ Das Maul dieser Spielzeugkatze lässt sich mit einer Schnur auf- und zuklappen.

DISK-TIPP
Hast du Lust auf das beliebteste Brettspiel der Ägypter? SENET wartet auf dich!

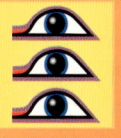

▶ Bei diesem Senetspiel können die Figuren in eine kleine Schublade gelegt werden.

▼ Akrobatische Übungen gehörten zu den Lieblingsbeschäftigungen der Ägypter.

DAS ESSEN

Der Boden entlang des Nils war äußerst fruchtbar. Er brachte den Ägyptern eine Vielzahl an Getreide. Flachweizen und Gerste wurden angebaut, nach der Ernte in Scheunen gelagert und dann zu Brot und Bier verarbeitet. Als Gemüse aß man vor allem Zwiebeln, Porree, Bohnen, Knoblauch, Linsen und Salat. Es gab keine Zitrusfrüchte. Dafür verstanden es die Ägypter, Feigen, Datteln, Granatäpfel und Wein anzubauen. Die Leute aßen nicht sehr viel Fleisch. Rinder wurden als Arbeitstiere und Milchlieferanten genutzt. Gab ein reicher Mann ein Festmahl, kamen jedoch ungewohnte Delikatessen wie Antilopen oder Gazellen auf den Tisch. Fisch wurde meist von Armen gegessen.

Die Ägypter saßen auf dem Boden neben flachen Tischen und aßen mit den Fingern. Der Pharao hatte einen Sklaven, der ihm nach jedem Gang die Hände wusch.

Ägyptisches Brot

Versuche ein ägyptisches Brot zu backen! Du kannst auch klein gehackte Datteln hinzugeben.

Zutaten:
400 g Vollkorn-Weizenmehl
225 ml Wasser
½ Teelöffel Salz

Du gibst das Mehl und das Salz in eine Schüssel und fügst langsam, unter ständigem Rühren, das Wasser hinzu. Danach knetest du den Teig und formst ihn in kleine runde oder dreieckige Stücke. Decke sie nun mit einem Tuch ab und lass sie über Nacht stehen. Der Teig wird 30 Minuten bei 180° C gebacken.

● So verrührst du die Zutaten!

● So knetest du den Teig!

● Der Teig wird abgedeckt und muss eine Nacht vor dem Backen ruhen.

Die Landwirtschaft

- Es gab drei Jahreszeiten im Jahr eines Bauern: die Überschwemmung (Juni bis Oktober), die Wachstumsphase (November bis Januar), in der die Flut sank, und die Trockenzeit (Februar bis Juni).
- Jedes Stück Land war durch schwere Steine markiert, die der Überschwemmung standhielten.
- Durch ein kompliziertes Bewässerungssystem wurde das Flutwasser in großen Vorratsbecken zurückgehalten. So konnte man das Wasser nach Bedarf nutzen.
- In den Monaten, in denen der Nil das Ackerland überschwemmte, mussten viele Bauern auf den Baustellen des Pharaos arbeiten. Auf diese Weise bezahlten sie ihre Steuern.

▼ Holzpflüge wurden von Ochsen gezogen.

DISK-TIPP
Mehr über die Ackerbaumethoden der Ägypter erfährst du in DAS RÄTSEL DER SPHINX!

DIE KLEIDUNG

Die Kleider der Ägypter waren meist aus Leinen, denn der Flachs – die Pflanze, aus der Leinen hergestellt wird – gedeiht im ägyptischen Klima sehr gut. Die meisten Leute trugen ungefärbtes Leinen. Nur die Reichen konnten sich Kleidung in leuchtenden Farben leisten. Männer wickelten sich Leinentücher um ihre Taille, so dass es aussah wie ein Rock. Oder sie trugen einfache lange Hemdkleider (Tunika). Arbeiter trugen Lendentücher oder überhaupt nichts. Sie waren glattrasiert oder hatten einen kleinen, gespitzten Bart. Frauen kleideten sich mit knöchellangen Kleidern. Eine oder gar beide Schultern blieben frei. Die meisten Kinder trugen nichts. Ihre Kopfhaare wurden abrasiert bis auf einen seitlichen Zopf, der »die Locke der Jugend« genannt wurde. Bei kaltem Wetter trug man Mäntel aus Wolle oder Tierhäuten. Sandalen machte man aus Schilf oder Leder.

▲ Ägyptische Spiegel waren aus polierter Bronze, Kämme wurden aus Elfenbein oder Holz gemacht.

Körperpflege

- Die alten Ägypter benutzten parfümierte Öle, um ihre Haut gegen den rauen Wüstenwind unempfindlicher zu machen.
- Reiche ägyptische Männer und Frauen trugen Perücken. Sie waren zum Teil aus echten Menschenhaaren. Die Strähnen wurden mit Bienenwachs befestigt.
- Männer und Frauen benutzten Make-up für die Augen, um sie vor Sand und Staub zu schützen.
- Bei Abendgesellschaften trugen die Damen Duftkegel aus parfümierten Ölen auf dem Kopf. Das Parfüm schmolz allmählich und lief über Haar und Kleidung.

NUT UND IHRE KINDER

Die alten Ägypter liebten es, sich Geschichten zu erzählen. Dabei ging es oft darum, etwas zu erklären, was man nie so ganz verstehen konnte. Warum zum Beispiel ist der Mond mal dick und mal rund und mal nur eine schmale Sichel? Das kam so …

Vor langer, langer Zeit regierte Re, das Oberhaupt aller Götter, als erster Pharao das Land Ägypten. Er lebte in einem riesigen Palast an den Ufern des Nils und alle Ägypter kamen und verbeugten sich vor ihm. Der ganze Hofstaat tat, was er verlangte. Am liebsten verbrachte Re seine Zeit auf der Jagd, beim Spiel und auf großen Festen. Es war ein wunderbares, angenehmes Leben.
Eines Tages trat ein Höfling auf ihn zu und berichtete Re von einem Gespräch, das er zufällig mitgehört hatte. Thot, der Gott der Weisheit und der Zauberkraft, hatte der Göttin Nut erzählt, dass einer ihrer künftigen Söhne eines Tages Pharao von Ägypten sein würde. Re war entsetzt! Niemand außer ihm selbst

war würdig und wert, Pharao zu sein. Voller Zorn rannte er auf und ab.
»Wie kann jemand es wagen, so etwas zu behaupten? Niemand wird mich vom Thron stoßen, auch nicht ein Sohn von Nut.«
Dann dachte er eine Weile nach, grübelte und grübelte, bis sich sein Gesicht aufhellte. Er sprach:
»Höret diesen Bannfluch: An keinem Tag und in keiner Nacht dieses noch irgendeines anderen Jahres soll Nut ein Kind gebären!«
Neuigkeiten verbreiteten sich schnell unter Göttern. Auch Nut kam der Fluch von Re schon bald zu Ohren. Ihr Herz zerbrach. Schon lange wünschte sie sich ein Kind, aber sie wusste, wie stark Res Zaubermacht war. Wie konnte sie den Fluch brechen? Der Einzige, der ihr jetzt helfen konnte, war Thot, der weiseste aller Götter. So machte sie sich auf den Weg zu ihm.
Thot liebte Nut über alles, und als er ihre Tränen sah, beschloss er ihr zu helfen.
»Ich kann Res Fluch nicht unwirksam machen«, sagte er mit tröstender Stimme, »aber es könnte einen Weg geben, ihn zu umgehen. Warte!«

Thot wusste, dass Khons, der Mondgott, ein leidenschaftlicher Spieler war. Also forderte er ihn zu einer Partie Senet heraus. Khons zögerte keinen Moment. So ein Spiel konnte er einfach nicht ausschlagen!

»O Thot!«, sagte er. »Du magst ja der klügste Gott weit und breit sein, aber ich bin der größte Senetspieler aller Zeiten! Ich habe noch nie eine Partie verloren. Ich spiele mit dir, aber es wird kein Vergnügen für dich!«

Die beiden setzten sich ans Brett. Von Beginn an gewann Thot jedes Spiel.

»Du hast einfach viel Glück, Thot«, sagte Khons.

»Ich wette um eine Stunde des Mondlichts, dass ich die nächste Partie gewinne!«
Aber er verlor erneut. Thot blieb der Gewinner und Khons verwettete Stunde um Stunde des Mondlichts, bis Thot das Licht für fünf volle Tage gewonnen hatte. Dann stand Thot auf, dankte Khons und nahm das Licht mit. Khons murrte. »Die nächste Partie hätte ich bestimmt gewonnen!«
Bevor das neue Jahr begann, hängte Thot die fünf Extratage an das Ende des Jahres. Zu jener Zeit bestand ein Jahr aus zwölf Monaten zu je 30 Tagen, das waren insgesamt 360 Tage.
Nut war außer sich vor Freude, als Thot ihr das erzählte. Da die fünf Extratage nicht zu dem normalen Jahr gehörten, konnten Nuts

Kinder an diesen Tagen geboren werden, ohne Res Bannfluch zu brechen.
Am ersten Tag brachte Nut Osiris zur Welt, der der zweite Pharao nach Re wurde. Am zweiten Tag Harmachis, der als Sphinx Unsterblichkeit erlangte. Am dritten Tag schließlich Seth, der später Osiris tötete und Pharao wurde; am vierten Tag Isis, die die Gemahlin von Osiris wurde, und am fünften Tag Nephthys, die Seth heiratete.
Und was geschah mit Khons, dem Gott des Mondes? Der Wettkampf mit Thot hatte ihn sehr geschwächt und er hatte viel von seiner Macht verloren. Ihm fehlte Licht! Sogar heute noch scheint der Mond nur an wenigen Tagen mit voller Kraft und muss an den restlichen Tagen seine Kräfte sammeln …

SCHLÜSSEL ZUR GESCHICHTE

Woher wissen wir so viel über das Leben der alten Ägypter, obwohl sie doch Tausende von Jahren vor uns gelebt haben?

Zeugnisse aus dem Boden

Archäologen haben aus Gegenständen, die sie in Grabstätten und auf Gemälden an Grabwänden gefunden haben, ein sehr klares Bild vom alltäglichen Leben im alten Ägypten gewonnen.

▲ Grabzeichnungen wie diese stellen Einzelheiten aus dem Alltag dar.

Fortdauernde Zeugnisse

Viele Menschen im heutigen Ägypten leben noch so ähnlich wie früher. Bauern am Ufer des Nils bewohnen Häuser, die gebaut sind wie die alten Häuser, und bestimmte Ackerbaumethoden gab es schon damals. Allerdings haben der gewaltige Assuan-Staudamm (vor etwa 100 Jahren erbaut) und ein neuer Hochdamm ihr Leben stark verändert.

Schriftliche Zeugnisse

Die Ägypter waren begeisterte Schriftsteller und beschrieben sehr genau ihren Alltag. Viele dieser Aufzeichnungen sind bis heute erhalten geblieben. Dank dieser Zeugnisse wissen wir sehr viel über diese Zeit!

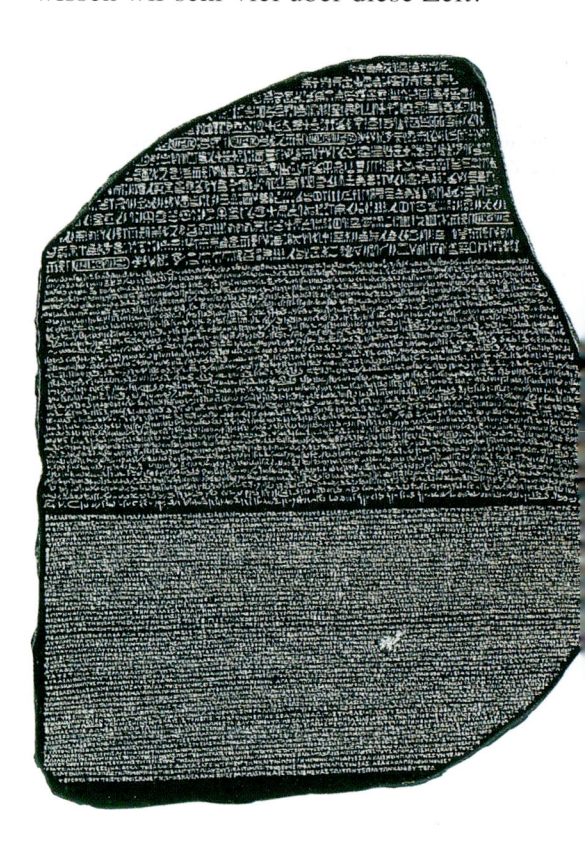

▲ Erst 1822 gelang es dem Franzosen Jean-François Champollion die Hieroglyphen zu entschlüsseln und altägyptische Texte zu lesen. Seinen Erfolg verdankte Champollion dem Fund des berühmten Steins von Rosette. Auf diesem Stein waren Texte in Hieroglyphen, in demotischer Schrift und auf Griechisch gemeißelt.

KLEINES LEXIKON

Ein **absoluter Herrscher** ist jemand, der Gesetze erlassen kann, ohne jemanden zu Rate zu ziehen.

Die **demotische** Schrift ist eine Kurzschrift der Hieroglyphen, die ab 600 v. Chr. in Handel und Verwaltung eingesetzt wurde.

Hieroglyphen sind Schriftzeichen in Form von Bildern. Die Zeichen stellen zugleich Laute und Wörter dar. Bei der ägyptischen Stadt Rosette wurde 1799 von einer Gruppe napoleonischer Soldaten ein Stein entdeckt, der die Entzifferung der Hieroglyphen ermöglichte.

Kanopen sind die vier Gefäße, in denen die Eingeweide eines Toten beigesetzt wurden.

Mumifizierung nennt man den Prozess, bei dem ein Körper vor der Verwesung geschützt wird. Das Wort Mumie ist abgeleitet vom persischen Wort »moumia«, was »Teer« oder »Pech« bedeutet, weil man fälschlicherweise annahm, die Körper seien damit behandelt worden.

Papyrus ist das wichtigste Material, auf dem in der Antike geschrieben wurde. Es wurde aus dem Mark der Stängel einer Papyrusstaude gewonnen.

Pharao bedeutet eigentlich »großes Haus« und war der Name für den Königspalast und den König. Der Pharao hatte den Status eines Gottkönigs. Zur Erinnerung an die Vereinigung von Ober- und Unterägypten trugen die Pharaonen eine Doppelkrone. Diese wurde Pschent genannt.

Pyramiden waren Grabmäler und dazu gedacht, die Seelen der Pharaonen zu schützen.

Rotes Land nannten die Ägypter die Wüste. Hier fand man wertvolle Edelsteine und Metalle. 90% der Gesamtfläche Ägyptens war unfruchtbare Wüste.

Schwarzes Land hieß der fruchtbare Streifen entlang des Nils. Bei der jährlichen Überflutung bedeckte der Fluss das Land mit dunklem Schlamm.

Senet ist ein altes ägyptisches Brettspiel. Es hat Ähnlichkeit mit Backgammon.

Eine **Sphinx** ist eine Figur aus Löwenkörper und Menschenkopf. Sie stellt die Macht des Königs dar und bewacht den Tempeleingang.

Uschebtis waren kleine figürliche Grabbeigaben, die Arbeiter, Diener oder Sklaven darstellten. Sie sollten im Totenreich für den Verstorbenen arbeiten.

Wesir war die Bezeichnung für Minister. Ein Wesir hatte den wichtigsten Posten im Staat nach dem Pharao.

Eine **Zivilisation** ist eine organisierte Gesellschaft, die sowohl Bräuche als auch eine Verwaltung, Technologie und Künste entwickelt hat.

NOTIZBUCH Fotokopiere diese Seiten für deine Notizen zum Thema

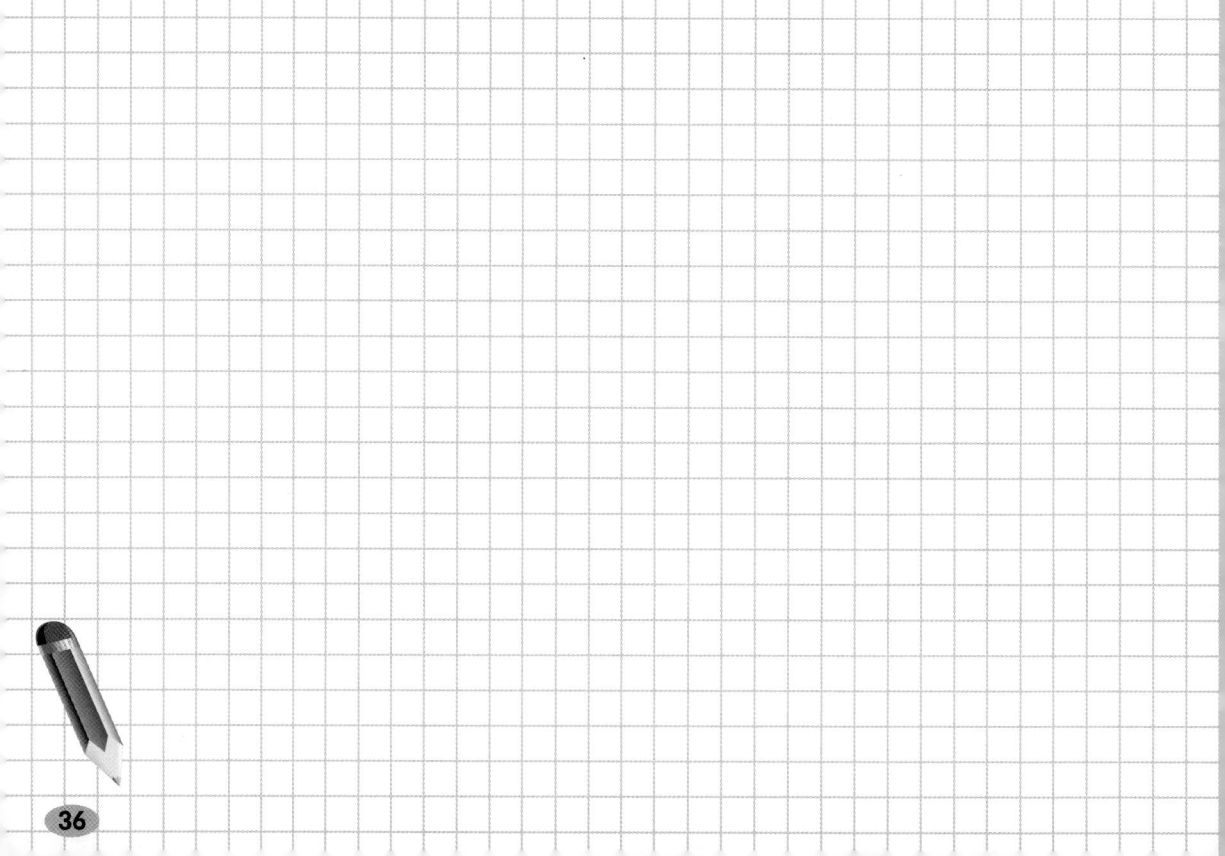

SENET – DIE SPIELREGELN

Senet war eines der beliebtesten Brettspiele der alten Ägypter. Ja, es galt als »königliches« Spiel! Tutanchamun ließ sich nicht weniger als vier Senetspiele in sein Grab legen.

▲ Alle Figuren werden von links oben nach rechts unten über das Brett bewegt.

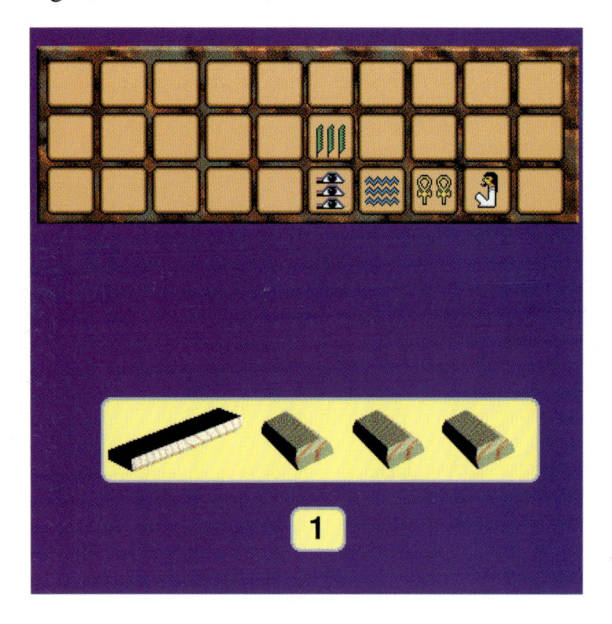

▲ Das Brett ist unterteilt in 30 Felder. Jeder Spieler hat sieben Spielfiguren. Zu Beginn wird die Reihenfolge durch das Hochwerfen von vier Stöckchen ermittelt, bis jemand einen Wurf mit dem Ergebnis 1 hat. Dieser Spieler bekommt die blauen Figuren, der andere die roten.

Senet spielt man zu zweit – du brauchst also jemanden, gegen den du spielen willst. Du kannst auch gegen den Computer spielen! Die Regeln sind einfach.

Du musst eine Zwei oder eine Drei werfen, bevor du den ersten Zug machen kannst.

Du kannst eine Figur nicht auf ein Feld stellen, das bereits durch eine deiner eigenen Figuren besetzt ist.

Du kannst eine Figur auf ein Feld stellen, das schon von einer Figur deines Gegners besetzt ist. In diesem Fall muss die gegnerische Figur auf das Feld zurück, von dem deine gekommen ist.

Die gegnerische Figur ist allerdings geschützt, wenn auf einem Nebenfeld ebenfalls eine Figur deines Gegners steht. Sie decken sich gegenseitig und können nicht auseinander gerissen werden.

Du kannst nicht über eine Reihe von drei oder mehr gegnerischen Figuren springen.

Ziehen ist Pflicht, wenn man ziehen kann. Und du musst den gesamten Wert eines Wurfs ausnutzen, sonst büßt du einen Zug ein.

Es ist möglich, den Wert eines Wurfes auf verschiedene Figuren zu verteilen. Das

▼ Auf dem Brett gibt es fünf Felder mit besonderen Zeichen.

▲ **Haus des Wassers**
Wenn du auf dieses Feld rückst, musst du zurück zum Feld des Hauses der Wiedergeburt.

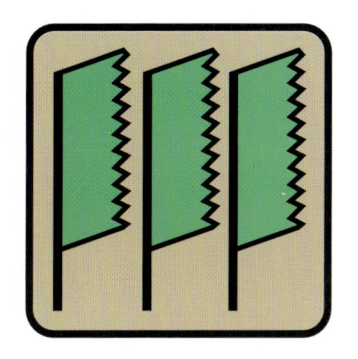

▲ **Haus der Wiedergeburt**
Eine Figur, die auf das Haus des Wassers gelangt, muss zu diesem Feld zurück.

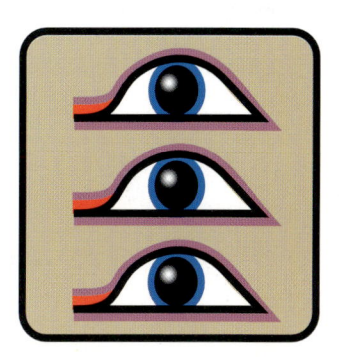

▲ **Haus der Freude**
Alle Figuren müssen auf diesem Feld landen, bevor sie das Brett verlassen können.

▲ **Haus des Amun-Re**
Eine Figur auf diesem Feld muss warten, bis eine Zwei geworfen wird.

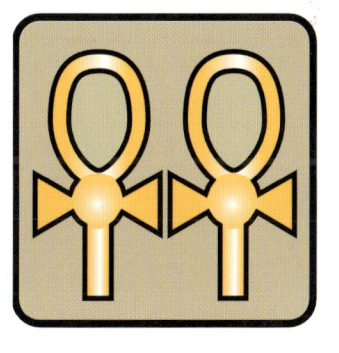

▲ **Haus der drei Wahrheiten**
Eine Figur auf diesem Feld muss warten, bis eine Drei geworfen wird.

bedeutet zum Beispiel bei einer Vier: Du kannst eine Figur um vier Felder vorrücken oder zwei Figuren um je zwei Felder oder eine Figur um drei Felder und eine weitere Figur um ein Feld.

Muss eine deiner Figuren vom Haus des Wassers zurück auf das Haus der Wiedergeburt und dieses Feld ist bereits besetzt, dann muss sie weiter zurück auf das erste freie Feld hinter dem Haus der Wiedergeburt.

Es gewinnt der Spieler, der als Erster alle Figuren vom Brett genommen hat.

STARTKLAR AM PC ODER MAC

INTERFACT gibt es auf CD-ROM (für PC und Apple Macintosh) sowie auf Diskette (für PC). Hier findest du Hinweise zum Installieren und Starten des Programms in allen Versionen. Suche für deinen Computer die richtige aus. Vergleiche vorher die Mindestanforderungen an deinen PC oder Mac (siehe Seiten 44–45).

CD-ROM

Hast du INTERFACT auf CD-ROM gewählt, brauchst du das Programm nicht auf deiner Festplatte zu installieren. Du kannst es direkt vom CD-ROM-Laufwerk starten.

PC mit Windows 95

❶ Die CD in das Laufwerk einlegen
❷ Doppelklick auf Programmsymbol »Arbeitsplatz«, dann Doppelklick auf CD-ROM-Laufwerk
❸ Doppelklick auf ÄGYPTER

PC mit Windows 3.1 oder 3.11

❶ Die CD in das Laufwerk einlegen
❷ Im DATEI-MANAGER das CD-ROM-Laufwerk auswählen
❸ Doppelklick auf ÄGYPTER

APPLE MAC

❶ Die CD in das Laufwerk einlegen
❷ Warten, bis das INTERFACT-Symbol erscheint, und doppelt anklicken
❸ Dann im INTERFACT-Fenster Doppelklick auf das ÄGYPTER-Symbol

DISKETTE

Hast du **INTERFACT** in der Disketten-Version, musst du das Programm auf der Festplatte deines Computers installieren, bevor du es starten kannst.

PC mit Windows 3.1 oder 3.11

INTERFACT installieren:
① Diskette in das Laufwerk einlegen
② In den DATEI-MANAGER gehen und Diskettenlaufwerk auswählen
③ Doppelklick auf ÄGYPTER
④ Auf O.K. klicken, es sei denn, du möchtest den Namen INTERFACT für das Verzeichnis ändern.

INTERFACT starten:
Ist INTERFACT einmal installiert, kannst du es im PROGRAMM-MANAGER mit Doppelklick auf »Die Ägypter« aufrufen!

PC mit Windows 95

INTERFACT installieren:
① Diskette in das Laufwerk einlegen
② Doppelklick auf Programmsymbol »Arbeitsplatz«
③ Doppelklick auf Diskettenlaufwerk
④ Doppelklick auf ÄGYPTER
INTERFACT wird auf der Festplatte im Verzeichnis INTERFACT installiert

INTERFACT starten:
Ist das Programm installiert, kannst du es im START-Menü unter PROGRAMME direkt aufrufen. Klicke einmal auf INTERFACT und dann noch einmal auf das Disketten-Symbol mit dem Namen »Die Ägypter«.

APPLE MAC

INTERFACT installieren:
① Diskette in das Laufwerk einlegen
② Doppelklick auf INTERFACT INSTALLER
③ Klicke auf FORTFAHREN
④ INSTALL anklicken; das Programm wird im INTERFACT-Ordner installiert.

INTERFACT starten:
Ist das Programm einmal installiert, den INTERFACT-Ordner öffnen und zweimal auf das Symbol »Die Ägypter« klicken.

WIE FUNKTIONIERT INTERFACT?

Bei INTERFACT steigst du ganz einfach ein. Starte das Programm, wie auf den Seiten 40/41 beschrieben, lies diese Einführung und los geht´s!

Du wirst eine Menge spannender Informationen, Frage-Antwortspiele und Überraschungen entdecken.
Hol dir die Themen auf den Monitor! Du suchst sie per Mausklick auf die Pfeiltasten aus. Das jeweilige Thema erscheint im Fenster mit dem Themensymbol oben rechts.

Klickst du auf das Fenster, erscheint der Hauptscreen des Themas. Hier unten zum Beispiel siehst du den Screen von der REISE INS JENSEITS, die dich mitten in die Unterwelt der alten Ägypter führt. Hast du dich für ein Thema entschieden, geht es mit einem Klick auf den Hauptscreen los.

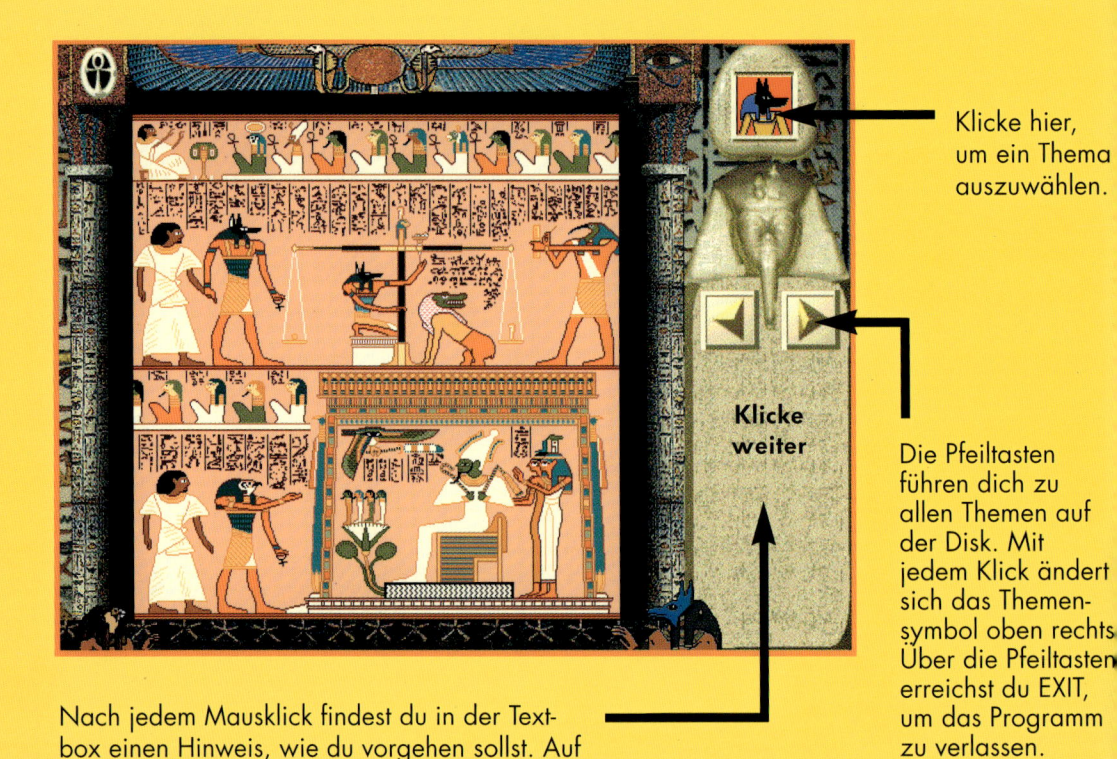

Klicke hier, um ein Thema auszuwählen.

Klicke weiter

Die Pfeiltasten führen dich zu allen Themen auf der Disk. Mit jedem Klick ändert sich das Themensymbol oben rechts. Über die Pfeiltasten erreichst du EXIT, um das Programm zu verlassen.

Nach jedem Mausklick findest du in der Textbox einen Hinweis, wie du vorgehen sollst. Auf den Seiten 4–5 im Buch gibt es eine Übersicht über alle Themen!

DISK-TIPPS

Im Buch wirst du immer wieder auf DISK-TIPPS stoßen. Sie zeigen dir, in welchem interaktiven Thema du etwas findest, was mit der Seite zu tun hat, die du gerade liest. Die Pfeiltasten führen dich zu dem Fenster mit dem Themensymbol, das dem des DISK-TIPPS entspricht.

DISK-TIPP
Willst du das Gruseln lernen? Dann klick dich ein bei EINE MUMIE LÄSST GRÜSSEN!

LESETIPPS

Beim Spielen und Lesen am Monitor wirst du immer wieder auf Lesetipps stoßen. Sie zeigen dir, wo du im Buch nähere Informationen zum Thema findest. Schlage die Seite auf, die der Lesetipp angibt.

NOTIZBUCH

Die Seiten 36–37 sind für deine Notizen. Du kannst sie auch fotokopieren. Benutze sie für deine Beobachtungen und Gedanken zum Thema.

EXTRA-TIPPS

• Wenn du dich für ein Thema entschieden hast, denke daran, den Mauspfeil vom Fenster oben rechts erst auf den Hauptscreen zu führen, bevor du wieder klickst.

• Falls du nicht weißt, wie du mit dem Screen und den Symbolen umgehen sollst, berühre sie einfach mit der Maus. Dann erscheint in der Textbox ein Hinweis.

• Beobachte den Mauspfeil. Wenn er sich von einem ➔ Pfeil in eine Hand ☞ verwandelt, klicke mit der Maus und lass dich überraschen!

• Einige Wörter auf dem Monitor erscheinen fett und unterstrichen. Das sind »heiße« Wörter. Berühre sie mit dem Mauspfeil, um nähere Infos zu bekommen.

• Durchforsche den Screen! Es gibt viele Geheimnisse und Überraschungen zu entdecken!

TIPPS UND ERSTE HILFE

Sollte es Probleme mit der Installation deines INTERFACT-Programms geben, findest du hier wichtige Tipps!

ERSTE CHECKS Prüfe zunächst, ob die ersten Checks dir weiterhelfen! Wenn nicht, geh zu den Tipps auf der gegenüberliegenden Seite!

CHECK 1

PC mit WINDOWS 3.1 / höher

Damit INTERFACT auf deinem PC läuft, sind folgende Systemvoraussetzungen erforderlich: 386/33Mhz, VGA Farbmonitor (256 Farben), 4 MB RAM, soundblasterkompatible Soundkarte.
1. Ein anderer Weg, INTERFACT auf Diskette oder CD-ROM zu öffnen, ist: Disk in das Laufwerk einlegen, in der Menüleiste des PROGRAMM-MANAGERS auf DATEI klicken, dann auf AUSFÜHREN. In die Befehlszeile eingeben: den Buchstaben für das betreffende Laufwerk, Doppelpunkt, Backslash (\), ÄGYPTER, dann auf O.K. klicken. Um INTERFACT zu starten, kannst du es im PROGRAMM-MANAGER mit Doppelklick aufrufen. Prüfe, ob du den Befehl richtig eingegeben hast. Zwischen den Zeichen dürfen keine Leerschritte sein.
2. Es ist wichtig, dass nicht gleichzeitig ein anderes Programm geöffnet ist. Vor dem Start gleichzeitig STRG + ESC drücken und die noch geöffneten Programme schließen.

CHECK 2

PC mit WINDOWS 95

1. Ein anderer Weg, INTERFACT zu öffnen, ist: Disk in das Laufwerk einlegen, im START-Menü auf AUSFÜHREN klicken. Dann Befehl wie unter CHECK 1 beschrieben eingeben. Auf O.K. klicken. Um die Installation zu starten, nochmals auf O.K. klicken. Das Programm wird auf der Festplatte im Verzeichnis INTERFACT installiert. Jetzt kannst du es im START-Menü unter PROGRAMME/INTERFACT aufrufen.
2. Um noch geöffnete Programme zu beenden, klickst du sie in der Task-Leiste mit der rechten Maustaste an und schließt sie.

CHECK 3

APPLE MAC

Prüfe, ob dein Mac folgende Systemvoraussetzungen hat: 68020 Prozessor, Farbmonitor mit Farbauflösung 640 x 480, System 7.0 (oder neuere Version) und 4 MB RAM Arbeitsspeicher.

Es ist wichtig, dass kein anderes Programm gleichzeitig geöffnet ist. Bevor du INTERFACT startest, klick das Programmsymbol rechts oben auf der Leiste an. Wähle jede der geöffneten Anwendungen aus und schließe sie, indem du oben links unter ABLAGE auf BEENDEN klickst.

WAS TUN, WENN ...

Problem: Floppydisk kann nicht geladen werden!
Ursache: Es gibt nicht genug freien Speicherplatz auf der Festplatte.
Lösung: Schaffe freien Speicherplatz durch Löschen von Dateien und Programmen, bis du mindestens 6 MB freien Speicherplatz zur Verfügung hast.

Problem: Programm kann nicht ausgeführt werden!
Ursache: Es gibt nicht genug Arbeitsspeicher.
Lösung: Prüfe, ob noch weitere Programme geöffnet sind. Es ist wichtig, sie zu schließen, bevor du INTERFACT startest (siehe CHECKS auf Seite 44).

Problem: Graphiken werden nicht geladen oder sind sehr schlecht.
Ursache: Entweder gibt es nicht genug Arbeitsspeicher oder du hast die falsche Farbauflösung gewählt.
Lösung: Schließe gegebenenfalls andere Programme (siehe CHECKS auf Seite 44) und prüfe, ob der Monitor im VGA-Modus bzw. in der Farbauflösung 640 x 480 mit 256 Farben läuft.

Problem: Es gibt keinen Sound (nur bei PCs).
Ursache: Deine Soundkarte ist entweder nicht soundblaster-kompatibel oder falsch konfiguriert.
Lösung: Versuche deine Soundkarte richtig zu konfigurieren (schaue im Handbuch nach). INTERFACT läuft übrigens auch ohne Sound.

Problem: Es bewegt sich nichts auf dem Monitor.
Ursache: Es ist nicht genug Arbeitsspeicher vorhanden.
Lösung: Prüfe, ob noch weitere Programme geöffnet sind. Es ist wichtig, sie zu schließen, bevor du INTERFACT startest (siehe CHECKS auf Seite 44).

Problem: Text erscheint nicht korrekt auf dem Bildschirm und »heiße Wörter« funktionieren nicht.
Ursache: Auf deinem Computer fehlen die nötigen Standardschriften.
Lösung: Installiere die Schriften. Für den PC benötigst du die Schrift »Arial«, für den Mac die »Helvetica«. Weitere Infos kannst du im betreffenden Handbuch nachlesen.

REGISTER

A
Abu Simbel 8
Anubis 14, 16
Amun 15
Amun-Re 15, 39
Assuan 34

B
Bastet 14
Bewässerungssystem 27

C
Champollion, Jean-François 34
Cheops-Pyramide 19

D
Demotische Schrift 20, 34 f.
Djoser 18
Duftkegel 28

E
Echnaton 13

G
Giseh 8, 19

H
Halle der Wahrheit 16
Hamarchis 33
Hathor 15
Herodot 10
Herz-Skarabäus 17
Hieroglyphen 20 f., 34 f.

I
Imhotep 18
Isis 15, 33

J
Julius Cäsar 13

K
Kanopen 17, 35
Karnak 14
Katarakt 8
Khons 31 ff.
Kleopatra VII. 13

L
Leinen 28
Locke der Jugend 28

M
Marcus Antonius 13
Memphis 8
Menes 9
Möbel 23
Mumie, Mumifizierung 17, 35

N
Natron 17
Nil 8–11, 22, 26f., 34
Nilmesser 10, 35
Nomarchen 12, 35
Nut 29–33

O
Oberägypten 8f., 35
Osiris 15f., 33

P
Palästina 13
Papyrus 20, 35
Pharao 9, 12ff., 26, 29f., 33, 35
Pyramide 18f., 24, 35

R
Re 12, 14f., 29ff., 33
Rosette 34f.
Rotes Land 10, 35
Rotes Meer 8

S

Schwarzes Land 10, 35
Senetspiel 25, 31, 38
Seth 33
Sphinx 33
Syrien 13

T

Tal der Könige 8
Tempel 14, 20, 22
Theben 8, 15

Thot 16, 29–33
Thutmosis III. 13
Totenbuch 17
Tutanchamun 13, 38

U

Unterägypten 8, 9, 35
Uschebtis 16, 35

W

Wesir 12, 35